LETTRE

DE

DÉMÉTRIUS COMNÈNE

A M. KOCH,

MEMBRE DU TRIBUNAT,

Auteur de l'Ouvrage intitulé : DES RÉVOLUTIONS DE L'EUROPE.

LETTRE

DE

DÉMÉTRIUS COMNÈNE

A M. KOCH,

MEMBRE DU TRIBUNAT,

Auteur de l'Ouvrage intitulé : DES RÉVOLUTIONS DE L'EUROPE;

Sur l'éclaircissement d'un point d'histoire relatif à la fin tragique de DAVID COMNÈNE, dernier Empereur de Trébisonde;

Précédée et suivie d'une *Notice historique sur la Maison impériale de* COMNÈNE.

A PARIS,

Chez RONDONNEAU, Propriétaire du Dépôt des Lois, rue Saint-Honoré, n. 323.

SEPTEMBRE 1807.

NOTICE
HISTORIQUE.

LES Comnène remontent aux siècles les plus reculés. Je ne prétends pas parler des auteurs qui ont écrit que cette maison tirait son origine des anciens rois de Troie, et qu'elle a substitué par la suite aux noms de Julia et de Sylvia, ceux de Flavia et de Comnène. Ce fut, à la vérité, la prétention de plusieurs anciennes familles romaines ; et Virgile en rend un bien illustre témoignage dans son *Enéide*. César ne doutait pas qu'il ne fût un rejeton de Jules, fils d'Enée : l'opinion seule d'un si grand homme est une autorité imposante. Quoi qu'il en soit, la tradition constante a toujours été que les Comnène passèrent de Rome à Bysance, avec

Constantin le Grand, leur parent, issu d'une ancienne famille de la Dardanie (1).

Leur premier berceau a été en Asie, dans la Paphlagonie, près du Pont-Euxin. L'empereur Alexis, passant près de Castamone, en Paphlagonie, voulut s'y arrêter pour voir la maison de ses ancêtres. Il en fut ému jusqu'aux larmes, et on ne put l'en arracher qu'avec peine (2). Nous savons également que Hannibalion, autre parent de Constantin, s'établit dans ces contrées, et qu'il porta même le titre de Roi du vivant de Constantin (3). Cette tradition, qui assigne la même origine aux deux familles de Constantin et de Comnène, se trouve consacrée dans différens brefs de Jules III, de Pie IV, de Sixte V, et dans une décision rendue par la rote romaine, en 1625. Certainement ce

---

(1) Thophan, Menea; 2 mart.; *Eumen panegyr.*
(2) Scil., p. 798.
(3) *Victor epist., Vales. ad Amm.*

ne sont pas là des témoins suspects ; les pontifes romains, toujours reconnaissans envers la maison de Constantin, rappellent ici l'origine des Comnène comme un des plus puissans motifs de l'intérêt que les princes fugitifs de cette race devaient leur inspirer. (1)

En effet, sans cette opinion qui les unissait au fondateur de Byzance, comment expliquerait-on la prééminence marquée, dont les Comnène ont toujours été en possession sur toutes les familles les plus illustres d'Orient, au point qu'ils étaient regardés égaux aux souverains, lorsque même ils n'occupaient pas le trône. Les Phocas, les Canthacuzène , les Ducas , les Lascaris , les

______

(1) Ducange atteste qu'une inscription ancienne se voit encore dans les environs de Rome; la voici :

L. COMNENO. Ɔ. L. FELICI.

COMNENAE. Ɔ. L. NYMPHAE.

ET COMNENO. Ɔ. L. FELICI.

C. SERVILIO. ALBANO.

(8)

Paléologue et d'autres, dès qu'ils se ma-
riaient avec une Comnène, ajoutaient leur
nom à celui de Comnène, pour s'assurer
d'autant plus des droits au trône (1). Et au
contraire, il n'y a point d'exemple qu'un
Comnène ait jamais ajouté le nom d'aucune
de ces grandes familles à son nom.

Manuel et Nicéphore sont les premiers
Comnène dont parlent les historiens bysán-
tins qui sont parvenus jusqu'à nous. Le premier fut Préfet d'Orient, dignité réservée aux
plus grandes familles de l'Empire, sous Basile,
empereur, en 962; le second, Protospataire,
grande dignité aussi. L'un et l'autre sont loués
pour leur vertu et leur valeur, comme deux
des premiers hommes de leur siècle. Au sujet
de Manuel, l'histoire contemporaine s'exprime
ainsi : *Cet homme illustre de cette antique*

----

(1) *Notæ in Niceph.*, *Brienum*, 1297; *in calce*
lib. Joann. Cinami.

souche des Comnène (1). Orsini (2), archevêque d'Antivari en Albanie, et primat de Servie, nous apprend que les Comnène comptaient, au dixième siècle, dix-huit rois de la Colchide et des Lazes.

Manuel eut deux fils, Isaac et Jean. Le premier fut élu empereur en 1054. Les grands et les généraux assemblés pour cette élection jetèrent les yeux sur Cathacalon, mais il eut la générosité d'observer qu'Isaac l'emportait sur tous les autres par une longue suite d'illustres aïeux (3).

Jean, frère d'Isaac, bien qu'égal en mérite, refusa de lui succéder. Il eut cinq fils, Manuel, Isaac, Alexis, Adrien et Nicéphore, tous illustres par leurs talens militaires, par

---

(1) Bryen, *in præfat Zonar.*, p. 209. *Vir ille inclytus ex antiquo Comnenorum stipite.*

(2) *Apud Laur. Min.*, p. 5.

(3) Εἵλετο δὲ σκῆπτρον πατρώϊον ἄφθιτον αἰεὶ (*Iliad. lib.* 2°.)

leurs vertus et par leur valeur. Manuel fut tué en combattant ; Isaac refusa le trône. Alexis y monta, et le nom de *grand* lui fut donné par la suite.

Jean, fils aîné et successeur d'Alexis, surnommé Calojean, fut un des plus grands monarques qui aient paru dans le monde, autant par l'élévation et la bonté de son caractère que par ses exploits.

Isaac, tige des empereurs de Trébisonde, second fils d'Alexis le Grand, fut Sebastocratore, sous Jean son frère, aussi vertueux et grand guerrier que l'empereur lui-même. Andronique, autre frère de Jean, fut tué en combattant contre les Turcs à la fleur de son âge.

Jean désigna Manuel, quoiqu'il ne fût pas l'aîné de ses fils, pour lui succéder ; il fut grand monarque et grand capitaine.

Les historiens font mention de beaucoup d'autres Comnène, dont la brièveté de cette Notice ne permet pas de parler; ils se firent tous distinguer par des vertus et des actions éclatantes : tels sont Constantin, Sébaste et Duc de Berrhée (1), Etienne, grand Drunghaire, Nicéphore, Isaac, et autres princes dont Ducange offre la nomenclature.

Manuel, empereur, laissa un fils encore très-jeune, du nom d'Alexis, qui ne régna que peu de tems.

Andronique, fils d'Isaac Sebastocratore, petit-fils d'Alexis, et neveu de Jean, usurpa la couronne teinte du sang du jeune Alexis, qu'il avait fait périr, et ternit ainsi la gloire de son nom.

Andronique, devenu odieux, et bientôt précipité du trône, eut pour successeur Isaac

____

(1) Thophylat, archip., achrid., *epist.* 68.

L'ange Comnène, qui ne portait ce nom que par alliance avec les Comnène. Par une lâche jalousie, il fit crever les yeux à Manuel, Sébastocratore, fils d'Andronique, prince que ses vertus offraient comme l'opposé de son père.

Manuel laissa deux fils, David et Alexis; ce dernier fut aussi surnommé le Grand : l'un fut Empereur d'Héraclée de Pont et de Paphlagonie; le second fonda l'Empire de Trébisonde, qui dura plus de deux siècles et demi, toujours dans sa famille. Ces monarques joignaient souvent à leurs titres celui d'empereur d'Orient, pour constater leurs droits au trône de Constantinople.

Trébisonde, anciennement *Trapezus*, située à l'est du Pont, de la Natolie ou Asie mineure, et sur le bord du Pont-Euxin, mer Noire, a été, dès la plus haute antiquité, une ville très-célèbre, et toujours peuplée par des Grecs : Xénophon s'y arrêta quarante jours dans sa fameuse retraite. Cette ville, après la défaite de Mithridate, tomba successivement au pouvoir des Romains, des Scythes ou des Tartares, et des empereurs Grecs; enfin, les Comnène en firent, l'an 1206, la capitale d'un vaste Empire. Il s'étendait de l'Amise jusqu'aux extrémités de l'Ibérie ou de la Géorgie, comprenait la Colchide, Héraclée de Pont, la Capadoce, toute la contrée des Laxes, la Paphlagonie, une partie de la Bythinie, de la Galatie, et d'autres pays adjacens. On a déjà observé qu'une partie de ces contrées avait été autrefois sous la domination des Comnène. Trébisonde, sous le gouvernement destructeur des Turcs, a perdu toute sa splendeur, et à peine mérite-t-elle aujourd'hui le nom de ville (1).

----

(1) David étant mort sans laisser de postérité, l'Empire qu'il avait fondé fut réuni à celui d'Alexis, son frère.

Les successeurs d'Alexis I.er, empereur de Trébisonde, furent Théodore, Constantin, Jean, Alexis, Basile, Basile le jeune, Démétrius, Alexis, Jean, David. Ce dernier prince, en 1462, après une glorieuse défense contre toutes les forces de Mahomet II, succomba et devint la victime de la férocité et de la perfidie de ce barbare, qui viola la capitulation conclue avec lui, ainsi qu'on le verra dans la lettre qui suit.

Les descendans de David, dernier empereur de Trébisonde, passèrent à Mania ou Laconie, et ensuite en Corse, l'an 1676. Mania, située dans la partie méridionale du Péloponèse, est ce pays renfermé entre deux chaînes de montagnes qui s'avancent dans la mer pour former le promontoire de Ténare, aujourd'hui cap Matapan; ce pays fut toujours l'asile de tous les Grecs fuyant l'oppression. D'abord sous Philippe, sous Alexandre et sous les Romains; enfin, quand les Turcs subju-

guèrent les deux Empires grecs, ceux qui restaient, observe M. de Rhullière, des familles impériales de Constantinople et de Trébisonde, échappés à la fureur des Turcs, se sauvèrent dans ces montagnes; et parmi tous ces princes réfugiés, ajoute le même auteur, les Maniotes nommèrent Protogéros un prince de la maison de Comnène, et ils restèrent sous la domination de cette famille pendant plus de cent ans (1).

Une insurrection, dont le chef avait formé des intelligences avec les Turcs, força les Comnène à quitter Mania : après leur départ, elle tomba dans une anarchie affreuse, et n'a cessé d'être déchirée par des guerres intestines. Elle fut la proie de quelques hommes plus adroits ou plus entreprenans que les autres. Chacun d'eux s'érigea en Catapan ou

---

(1) Rhull., Hist. de l'anarch. de Pol., t. III, p. 532 et 534.

capitaine du district dont il put s'emparer ; et toujours jaloux les uns des autres, ils se sont fait et se font sans cesse la guerre. Aussi Mania n'est plus ce qu'elle a été. Bytolo, sa capitale, ville ancienne, dont Ptolomée et Homère font mention (1), jadis la résidence des Comnène, n'offre aujourd'hui que le triste aspect d'un pauvre village ; on n'y voit même plus les vestiges d'un seul édifice ancien, religieux ou profane, ni d'un monument quelconque.

---

(1) *Illiad., lib. II.*

LETTRE

DE

DÉMÉTRIUS COMNÈNE,

A M. KOCH,

MEMBRE DU TRIBUNAT,

Auteur de l'Ouvrage intitulé : DES RÉVOLUTIONS DE L'EUROPE.

In rebus humanis nihil tam fausté feliciterque, quod non error aliquis interpolet. (LUCIANUS.)

JE ne puis mieux vous prouver mon estime, Monsieur, qu'en vous écrivant, pour éclaircir un point d'histoire que vous paraissez révoquer en doute; un auteur ordinaire s'en offenserait peut-être : je ne dois pas le craindre d'un homme qui joint à la science la droiture des intentions.

Vous dites, Monsieur, dans votre ouvrage des Révolutions de l'Europe (tom. II, p. 95);

« que David Comnène, dernier empereur de
» Trébisonde, périt dans les fers de Maho-
» met II, et que toute sa famille fut exter-
» minée avec lui ». Jusques là, ce ne serait
que votre opinion destituée du témoignage
des auteurs contemporains ; mais vous ajoutez , que « Chacondyle dit *expressément*
» (page 263), que toute la famille de David
» périt avec lui. »

Je vous observe, Monsieur, que Chacondyle ne le dit pas; vous me paraissez avoir
confondu le texte avec la note des éditeurs
qui est en marge; car vous la répétez mot à
mot, sans rapporter une seule parole de
l'auteur.

« Les Comnène de Corse, reprenez-vous,
» prétendent néanmoins descendre d'un de
» ses fils (de David), qui doit avoir trouvé
» moyen de se sauver. » (*Précis historique
de la maison impériale des Comnène.*)

Certainement ce fils a été sauvé, et le précis
dont vous faites mention l'atteste. Un siècle
auparavant, les savans Ducange (1) et Guil-

____

(1) Famil. illust. Byz., pag. 195.

let (1) l'avaient affirmé. Il doit vous paraître bien étrange que le premier s'appuie de l'autorité de Chacondyle, à l'endroit même où vous avez cru trouver qu'il parle *expressément* de la mort de David et de toute sa famille; d'autres historiens ont suivi les deux auteurs ci-dessus dénommés (2). L'homme de France le plus versé dans ces matières l'a confirmé, et ce ne fut qu'après avoir épuisé tous les motifs de crédibilité qui établissent la certitude des vérités humaines.

Des ennemis puissans , qu'avait alors la famille Comnène, donnèrent peut-être lieu à un examen plus rigide, sans parler de la jalousie de certains courtisans , qui éclatèrent en reproches contre M. Chérin dès que son avis parut (3); mais tous ne

---

(1) Vie de Mahomet II, trad. ital., pag. 89.

(2) Anecd. de la fam. ottom., pag. 191; Dict. histor., art. David et Mahomet.

(3) Voici l'avis de M. Chérin :

« On ne peut douter que M. Comnène ne soit issu » en ligne directe de David, dernier empereur de Tré- » bisonde, tué par ordre de Mahomet II, l'an 1462, et

partagèrent point cette injustice, et la reconnaissance m'oblige de nommer entr'autres M. de Choiseul-Gouffier.

Des lettres patentes du Roi s'en sont suivies; elles se trouvent à la tête du précis mentionné (1). Elles ont été regardées, dans le tems, par les cours souveraines qui les ont enregistrées, comme un modèle de clarté et de précision dans leur genre, et par les savans comme un monument pour l'histoire moderne. Or, je le demande, contre un fait aussi bien constaté et appuyé sur toutes les bases des vérités humaines, qu'est-ce qu'une simple dénégation?

Je vous avoue franchement que j'aurais gardé le silence, si je ne m'étais proposé d'aller plus loin dans cette lettre, en vous montrant que non seulement un, mais plusieurs fils de David, ont échappé à la cruauté de Mahomet; que les Comnène se sont reproduits non seule-

---

» par conséquent susceptible de toutes les distinctions » dues à son origine. » *Précis hist. de la mais. imp. des Com.*, pag. 52.

(1) Ces Lettres patentes sont imprimées ci-après, p. 55.

ment en Laconie, et ensuite en Corse, mais en différens endroits de l'Italie, et dans d'autres pays.

Puisque vous produisez, Monsieur, le témoignage de Chacondyle, je dois, avant tout, le faire connaître, et ce sera jeter un voile officieux sur la faute des auteurs qui l'ont cité sans l'entendre, et prouver en même tems que son autorité n'est pas admissible lorsqu'elle est isolée. Il est l'auteur d'une histoire des Turcs, souvent inintelligible par son obscurité (1), de plus, fabuleuse à l'excès. Jugez-en d'après deux faits que je prends au hasard.

« Mahomet II, dit-il (2), condamna cinq cents Grecs à un supplice nouveau, qui fut de les faire scier en deux par le milieu du corps, l'un après l'autre, avec ordre de les laisser ainsi exposés dans le lieu de l'exécution près de Constantinople. Un bœuf passant près de ce champ d'horreur, en frémit et perce l'air de ses mugissemens lamentables; il distingue

---

(1) Duc. Fam. illust. Byz., pag. 191; Ism. Boiullaud. *In prefat*, Mich. Duc.

(2) Chacond., pag. 500.

un Vénitien, et aussitôt il réunit les deux parties de son corps. Le bruit de cette merveille
parvient aux oreilles de Mahomet, qui veut
en avoir la confirmation. Il ordonne donc que
le corps du Vénitien soit séparé de nouveau,
afin de voir si le bœuf retournerait. En effet
le bœuf retourna, et à la vue des deux troncs
séparés, il alla avec des mugissemens de colère
prendre les deux troncs; et non content cette
fois de les ajuster ensemble, il fit plus, il mit
le corps du Vénitien loin des autres suppli-
ciés. Mahomet, stupéfait d'un si grand prodige,
ordonna qu'on donnât la sépulture au vénitien,
et au bœuf un logement dans son palais où il
fut toujours traité avec distinction. »

Cela n'est qu'absurde, et ferait rire sans
l'atrocité qui le précède. Mais quoi de plus ré-
voltant et de plus opposé ensemble au caractère impérieux, farouche et sanguinaire de
Mahomet II, que son entrée dans la chambre
du jeune Dracula, détenu dans le sérail comme
ôtage , et les moyens qu'il emploie pour
vaincre la résistance de ce jeune homme
à ses desirs infâmes? Enfin , le jeune im-
berbe tire son sabre, (un détenu dans le

sérail avec un sabre!) frappe le tyran et le blesse grièvement. Pendant qu'il se fait panser, le jeune homme prend la fuite et se cache sur un arbre. Vous croiriez qu'il est sauvé, ou que la mort l'a délivré de l'ignominie ; non , il descend volontairement de l'arbre pour aller se prostituer à jamais à Mahomet , qui, à sa vue , se console de sa blessure (1).

. De bonne foi, Monsieur, un auteur qui choque de la sorte la raison , le bon sens et toutes les bienséances , peut-il sérieusement être produit contre une vérité constatée.

Mais revenons à David Comnène. Assiégé dans sa capitale par le vainqueur de Constantinople, après une vigoureuse résistance , et sans espoir de recevoir aucun secours, il a été forcé de capituler ; la liberté de sa personne, de ceux qui lui tenaient par les liens du sang, des principaux de sa cour , et un échange pour le royaume qu'il cédait , étaient principalement stipulés ; mais il ne trouva que des outrages et la captivité , présage d'une mort prochaine. Mahomet , aussitôt qu'il fut

---

(1) Chacond., pag. 264.

maître de Trébisonde, fit transférer ce prince infortuné à Constantinople, ensuite à Andrinople, de là encore une fois à Constantinople (1). C'est toujours Chacondyle qui parle.

Il est difficile de concilier les circonstances qui ont précédé, selon lui, la mort de David, tout à fait contraires au récit de Phranza; la captivité de ce monarque, par exemple, avec ces arrestations sans cesse renouvelées. Si David eût joui d'un moment de liberté, après avoir éprouvé une si grande perfidie de la part de Mahomet, n'en aurait-il pas profité pour s'évader comme plusieurs autres princes? Enfin, voici comment est rapportée sa dernière arrestation (2). *Mahomet fit renfermer le roi David, ses fils (savoir ceux qui étaient auprès de lui, mais n'anticipons pas) et son neveu (âgé de quatre ans), les tenant dans les fers ; peu après les*

____

(1) Chacond., pag. *id.*

(2) Τὸν δὲ Δαβὶδ βασιλέα καὶ τοὺς υἱοὺς αὐτοῦ σὺν τῷ ἀνεψιῷ κατῆρξε. . . . . Ἐκμειδιάντιν ἐν πέδαις οὐ πολλὰ ὕστερον Ἀναγαγὼν ἐς Βυζάντιον διεχειρίσατο.

ayant *fait transférer à Byzance*, *il les fit mourir*, ou bien il disposa d'eux ; c'est la double signification dont est susceptible le mot grec διεχρισατο (1), et néanmoins (cette remarque est frappante) l'auteur grec, qui vient de parler de la mort du seul David, use d'un terme qui ne peut être traduit que par celui d'égorger, σφαγιασθεις του βασιλεως Δαβιδ ; la traduction latine, au sujet de διεχρισατο, se sert du mot *necavit*, les fit tuer. Je veux bien me conformer à cette version, et la résumer même plus distinctement en disant que Mahomet fit périr David et ses fils ; il ne s'en suit pas pour cela que tous les fils de ce monarque périrent avec lui : un seul exemple vous en convaincra.

Aaron, prince de Bulgarie, rapporte Lebeau, soupçonné de favoriser les Grecs, ou plutôt de vouloir régner seul, fut assassiné par son frère Samuel, qui fit aussi périr ses

---

(1) Rigoureusement le mot grec διεχρισατο veut dire *il a tué*, ou *il a usé*. J'ai évité cette dernière interprétation, afin de ne point donner lieu à une signification équivoque.

enfans. Cependant, le même historien parle après de deux fils de l'infortuné Aaron, qui furent sauvés de la fureur de leur oncle (1).

Non seulement dans des catastrophes aussi horribles, mais dans une énonciation collective de quelque genre que ce soit, la totalité des objets n'étant pas exprimée, les exceptions sont toujours présumées; la manière ordinaire de parler vous en fournit sans cesse des exemples. Les jurisconsultes ont recours quelquefois à cette règle pour appliquer la loi avec justice, et les juges pour trouver des innocens dans une accusation qui pèse ensemble sur plusieurs têtes. Si vous n'usez de ce sage tempérament, vous trouverez souvent des contradictions dans les auteurs qui n'en renferment aucunes.

Le cas dont il s'agit est encore plus remarquable. Un fils de David, encore très-jeune, condamné à embrasser l'islamisme, était par conséquent devenu étranger à sa famille, et sacré pour les Musulmans; il eût donc fallu, pour l'envelopper dans le massacre supposé général,

____

(1) Lebeau, Hist. du Bas-Emp., tome XVI, p. 255.

qu'il fût désigné nominativement : aussi Du-cange et une foule d'historiens en ont fait l'ex-ception (1). De cela seul il résulte que Cha-condyle n'a pas parlé *expressément* de la mort de David avec toute sa famille.

Mais ce que je vais vous dire est bien plus fort, et vous serez étonné, Monsieur, en ap-prenant que cet auteur, au contraire, a dit *ex-pressément* que David n'avait pas tous ses fils avec lui lorsqu'il fut transféré de Trébi-sonde à Constantinople. Il partit de cette ville, remarque l'historien, après s'être embarqué avec ses fils et ses parens ὅσοι (2), c'est-à-dire avec tous ceux qui étaient auprès de lui. Il y avait donc des absens. Or, ses parens se réduisaient à deux seulement ; un enfant de quatre ans, et Georges Protovestiaire : l'un et l'autre étaient présens. Parmi les absens, il ne pouvait donc y avoir que quelques-uns de ses fils (3).

---

(1) Ducange, Guill., *Anecd. ut suprà.*

(2) Τὸν δὲ βασιλέα τραπεζοῦντος ἐμβάντα ἐν ταῖς ναῦς ἅμα τοῖς παισὶν αὐτοῦ θυγατρίσι καὶ συγγένεσιν αὐτοῦ ὅσοι παρῆσαν αὐτῷ ἐκέλευσεν ἀποπλεῖν ἐν τῷ Βυζαντίῳ. *Page* 265.

(3) Dans la nomenclature que Ducange a rédigé,

En effet, Irène Canthacuzène, femme de David, avait quitté Trébisonde avant que cette ville ne fût étroitement cernée (1). Quoi! une épouse, une mère abandonne son mari, ses fils, ses filles à la veille des plus grands dangers, pour ne sauver que sa personne! La nature s'indigne de le penser. Serait-ce une princesse, le modèle de toutes les vertus sur le trône, et de constance dans l'adversité, qui aurait donné l'exemple d'une lâcheté si odieuse (2)? On ne peut croire un fait aussi horrible sans en frémir. Il est donc plus naturel de conclure qu'Irène, quittant Trébisonde, sauva ceux de ses fils qui n'étaient pas en état de combattre, ainsi que ses filles, des dangers du siége et des horreurs qui s'en suivent. J'en trouve la confirmation dans le courroux

d'après les auteurs bysantins, de tous les Comnène de Trébisonde, depuis les premiers qui s'y établirent, jusques à un fils de David, dernier empereur, il ne fait mention que d'un enfant de quatre ans et de Georges Protovestiaire, comme des parens tenant à ce monarque; or, l'un et l'autre étaient présens. *Cac., p.* 263; *Ducange, depuis la page* 186 *jusqu'à la page* 196.

(1) Chacond, p. 265.

(2) Spandug., pages 189 et 193.

même de Mahomet, lorsqu'il apprit cette évasion (1); car peu lui importait qu'une mère de onze enfans se fût sauvée seule. Elle alla, dit Ducange, d'après Laonicus (2), *ad Mamiam* εἰς τὸν ἑαυτῆς γαμβρόν, chez son gendre; comme elle n'en avait pas, Ducange soupçonne que le mot de gendre a été ici substitué à celui d'un autre parent. Le mot de *Mamia*, que le même auteur a pris pour un nom propre, a exercé ses recherches sans le trouver.

Je vais, à cet égard, vous soumettre mon opinion, que je fonde premièrement sur l'affinité du mot Mamia avec celui de Mania, l'ancienne Laconie; en second lieu, sur le mauvais état dans lequel fut trouvé le manuscrit de Chacondyle, plein de lacunes qu'on a remplies, ce qui a pu donner lieu au changement de la seule lettre qui distingue ces deux mots; lettres au surplus qui se ressemblent en grec. Ajoutez que le brave Manuel Canthacuzène, qui était cousin

---

(1) Chac., p. 265.
(2) Fam. illust. Biz., p. 196.

d'Irène, dominait alors à Mania (1), dont Mahomet ni ses successeurs n'ont jamais pu s'emparer, et vous n'hésiterez pas sur le choix du pays qu'Irène a dû préférer pour s'y réfugier avec ses enfans. Les Comnène en effet succédèrent à Manuel dans sa primatie sur les Maniotes, et se perpétuèrent dans la même dignité à Mania (2), qui fut aussi l'asile d'un grand nombre d'autres princes fugitifs.

Que dites-vous, Monsieur, de ce brave Comnène qui, s'étant jeté dans le fort de Lemnos, soutint toute l'attaque des Turcs jusqu'au moment de l'arrivée des Vénitiens, qui furent mis en possession de ce fort par ce jeune héros qui l'avait si bien défendu? Ces républicains lui fournirent un vaisseau, et il fit voile aussitôt pour la Morée, que

---

(1) Spandug., p. 192.

(2) Préc. hist. de la mais. imp. des Comnène; Dict. hist., art. David; Chois.-Gouff., Disc. sur le Voy. Pitt.; Ruth., de l'Anarch. de Pologne, pag. 252 et 254; Guill., *in vita Mahom. II*, vers. ital., pag. 217, turco-grec, pag. 91, etc.

les Turcs dévastaient, excepté le canton de Mania (1). N'êtes-vous pas obligé de penser que ce fut pour gagner ce dernier pays, où des objets qui lui étaient si chers l'avaient précédé ? Dans cet endroit encore la note en marge des éditeurs n'est pas d'accord avec le texte, puisqu'ils ont substitué un nom barbare à celui de Comnène. Ce changement est une conséquence de la première infidélité qu'ils ont commise, et dont j'ai parlé.

Que direz-vous encore de ce jeune Alexis Comnène, désigné par la qualification de prince de Trébisonde, arrivé à Raguse avec Démétrius Canthacuzène et plusieurs autres princes fugitifs, sur une mauvaise barque, après bien des dangers et de longues fatigues (2).

La mort de David est un de ces événe-

---

(1) Cac., p. 3o1.

(2) *Exceperunt Raguzi Theophilum Paleologum; .... Demetrium Canthacuzenum .... et juvenem Alexium Comnenum Trapezuntis principem, lib. IV;* Hist. Rag., par Caboza, bénédict. it.; Lucar, Hist. de Rag.

mens qui réunit tous les degrés de certitude, puisque tous les historiens contemporains le rapportent ; mais quant à ses fils, ils gardent le plus profond silence. Quelle voix que ce silence unanime ! N'est-ce pas ce silence qui vous empêche de croire au meurtre des deux frères Thomas et Démétrius Paléologue, quoiqu'attesté par une autorité très-grave (1)? Ducange néanmoins a prétendu que de huit fils de David, sept périrent avec leur père; mais il ne cite aucune autorité à l'appui de son assertion, ce qui suffit pour l'infirmer (2).

Quel spectacle, que celui d'un monarque et de sept de ses fils périssant en même tems! Ducas, qui était leur parent, l'aurait-il passé sous silence (3)? Franza, qui, pour rendre Mahomet plus odieux, accompagne le récit de la mort de David de circonstances incroyables, aurait-il négligé de parler du supplice de tant d'illustres victimes (4)? Rien

---

(1) *Concilia Bellica*, *S. R.*, *imp. cœterisq.*, *suc. R. J., elector, princip.*, etc., pag. 63, éd. an 1603.
(2) *Ut suprà*, p. 195.
(3) Pag. 144.
(4) *Phranz., apud. Genes. de reb. turc.*, p. 123.

ne pouvait mieux peindre la cruauté et la perfidie de Mahomet qu'un si funeste tableau. Angiolello, qui, forcément attaché à ce sultan, l'a suivi dans quelques expéditions, qui a écrit la vie de ce même sultan, et celle d'Ussan Cassan, roi de Perse (1), qui a vu les filles de ce même roi, propres nièces de David, ne parle que du supplice de l'empereur. L'histoire *Turco-Greca* se borne également au récit de la mort de David (2). Enfin, on connaît le zèle de Pie II pour exciter les princes chrétiens contre Mahomet, par la représentation des dangers qu'ils couraient eux-mêmes : en les informant des cruautés que ce tyran exerçait sur les princes qui tombaient en son pouvoir, aurait-il oublié un événement aussi épouvantable ?

Dans un siècle plus reculé, l'histoire a immortalisé la cruauté de Phocas contre Maurice et contre ses nombreux enfans exécutés sous les yeux de leur père. Je le demande,

----

(1) *Apud. Ramus*, tom. II.
(2) Pag. 10.

les historiens nés dans un siècle plus rappro-
ché du nôtre, auraient-ils manqué de nous
peindre une tragédie du même genre, dont
les victimes étaient l'objet de l'attachement
et de la vénération des Grecs depuis des siècles ?

Démosthène, interrogé quelle était la première règle de l'éloquence, répondit : la première, la seconde et la troisième règles, sont de
bien déclamer. Si je vous demandais quelle
est la première règle de l'historien pour trouver la vérité, vous me répondriez, la première,
la seconde et la troisième règles sont de con-
sulter les auteurs du tems, dont on trace les
événemens environ quatre cents ans après
leur époque.

Voici donc un témoignage sans réplique,
tel que vous le desirez, sur le sort de David,
dernier empereur de Trébisonde et de ses fils.
Philelphe, homme savant et versé dans les
affaires politiques, employé longtems par les
Vénitiens à Constantinople, mandait en 1464
(un ou deux ans après la mort de David), au
doge Christophe Maurus, ce qui suit; ce sont
ses propres expressions, traduites du latin :

« De quoi n'est pas capable un tyran infâme?
» de quel prétexte peut-il couvrir sa cruauté
» en faisant mourir Cathalusius, prince de
» Lesbos, *et le roi de Trébisonde, David*
» *Comnène avec deux de ses fils ?* » donc il en
avait d'autres. La lettre de Philelphe est très-
instructive, et digne d'être lue. Il connaissait
personnellement Mahomet II, ainsi que la
situation des Turcs et celle de toute l'Europe
au moment où il écrivait. Il n'écrit que ce
qu'il a vu ou ce qu'il a appris d'une manière
indubitable (1).

---

(1) *Quid meminero fortem illum atque Constan-
tem, virum Lucam Notarum quem idcircò unà cum
filiis duobus Isaccio, et Joanne illustri probitate,
adolescentibus obstrunçari jussit tyrannus perditis-
simus, quoniam supplici voce humilique fletu, ab eó
rogatus esset, ne castum atque pudicum puerum
jacobum, quem abominabilis raptor spurcissimæ suæ
libidini destinarat à paternis complexibus avelleret !
At erat et captivus et christianus ; esto, quid enim
non liceat tyranno sceleratissimo ! Quâ immanitatis
ratione et Nicolaum Cathalusium, principem Lesbi et
regem Trapezuntiorum Davidem Comnenum cum
duobus item filiis, qui omnes ad ejus fidem confuge-
rant crudelissimè occidit. Lib. epist, pag. 54.*

Cette autorité est péremptoire; toute autre serait inutile. Je dois seulement vous observer, Monsieur, que je me suis borné aux preuves historiques : si j'eusse fait mention des preuves généalogiques qui constatent encore plus hautement les faits que les auteurs contemporains, la discussion eût fini aussitôt; mais, Monsieur, j'aurais été privé de la satisfaction de m'entretenir avec un écrivain aussi éclairé que vous. Polybe (1) regardait ces sortes de preuves comme la partie principale de l'histoire; c'est sur elles que reposent l'existence et la fortune des familles respectives dans les sociétés civiles (2).

Il me reste maintenant à vous prouver que les Comnène, tous de la branche de Trébisonde, se sont perpétués en plusieurs endroits de l'Italie et ailleurs, malgré Pierre Bizarre, qui voudrait que toute la race en eût été exterminée, avec les trois victimes dont

______

(1) *Lib. III.*

(2) *Parùm est jus nosse si personæ quarum causa constitutum, ignorentur.* Justin., *Instit. de jure naturæ.*

on vient de parler , auxquelles il ajoute aussi
Calojean , quoique mort paisiblement plusieurs années auparavant : il fut même le
prédécesseur de David ; ce qui décèle son
ignorance dans les faits qu'il raconte , sans
rien dire de ses anacronismes (1).

Je ne m'étonne pas que cet écrivain et ceux
qui l'ont copié ignorassent l'histoire bysan-
tine ; elle a été longtems presque inconnue ;
le peu qu'on en sait maintenant (et encore un
très-petit nombre de personnes possèdent
cette connaissance) est dû à la munificence
de Louis XIV.

Je parlais un jour avec le célèbre cardinal
Borgia , des erreurs auxquelles on revient
toujours en tout genre. « On ne lit pas, me
» répondit le cardinal, comment voulez-vous
» que l'on sache ? »

Je ne suis pas non plus surpris si Bizarre
ignorait les efforts constans que les Comnène
faisaient de son tems à la tête des Maniotes ,

____

(1) *Rerum Persie. his.* , p. 224. Cet auteur vivait à la
fin du 16e siècle.

pour venger les malheurs de leur patrie et de leur maison (1).

Mania, de tout tems, a été fermée à la curiosité des voyageurs ; mais comment la connaissance des Comnène, qui abordèrent en Italie, a-t-elle pu lui échapper entièrement ? Constantin Comnène fut un des premiers. Accueilli avec distinction par le pape, et après par Charles VIII, roi de France, ce monarque traça même avec lui un plan d'agression contre les Turcs ; mais les Vénitiens, qui en furent instruits, le mirent au jour pour en empêcher l'exécution. Constantin fut régent du Montferrat pendant la minorité de Paléologue Comnène, souverain de ce pays, comme son plus proche parent (2). Dès que ce jeune prince prit les rênes de ses Etats, Constantin fut appelé par Maximilien, empereur d'Alle-

---

(1) Rulh., *ut suprà*. Préc. Hist. de la mais. imp. Comnène. *Passim*. Cambiage, Hist. de Corse.

(2) Théodore Paléologue Comnène, fils de l'Empereur Andronique le Vieux, est le premier de son nom qui fut marquis de Montferrat, en 1306. Il le tint du chef de sa mère, Irène de Montferrat.

magne. Le fils de Constantin mourut, sans laisser d'enfans, à la défense d'une ville près de Rome.

Les Comnène se perpétuèrent aussi en Savoie, pendant près de trois siècles, toujours reconnus et traités avec distinction. Un de ces Comnène fut député pour complimenter Henri III à son avénement au trône. Catherine de Médicis desira qu'il restât en France, et elle-même en obtint le consentement du duc de Savoie. Quelques individus de cette branche se fixèrent à Milan : le dernier rejeton de tous est mort il y a deux ans à Chambéry, regreté pour ses vertus. Ces détails, ainsi que d'autres beaucoup plus étendus, se trouvent épars dans différens auteurs, tels que le cardinal Bembo, Guicciardini, et finalement dans Ducange, depuis la page 196 jusqu'à 200, et dans plusieurs autres (1).

Quelques Comnène, dont la postérité est éteinte, prirent du service à Naples vers

----

(1) Les Comnène établis en Savoie, et dans les différentes parties de l'Italie, ont tous été de la branche de Trébisonde.

le milieu du dix-septième siècle. Au rapport de Linda, ils furent traités avec munificence par les rois d'Espagne (1). D'après le même auteur, d'autres princes d'Italie donnèrent antérieurement asile aux Comnène; mais ayant substitué d'autres noms à celui de Comnène, ils étaient déjà moins connus que les autres de leur maison. Il est constant que cet usage a toujours été familier aux Grecs; une dignité, une action, une qualité phy-sique ou morale, un nom de baptême, même celui du pays, a souvent donné lieu à ce changement.

Je ne doute pas que Linda n'ait eu en vue les Tolède d'Espagne, parmi les branches qui avaient substitué d'autres noms à celui de Comnène. Selon plusieurs auteurs, ces Tolède descendent d'un prince Comnène, qui de Constantinople vint dans le tems en Espagne pour combattre les Sarrasins. Quel-ques Tolède, à leur tour, étant allés à Constantinople pour combattre les Turcs, ils furent traités par les empereurs Paléo-

_____

(1) *Relaz. e descript. universali, e particol. del mondo.*

logues comme leurs alliés issus des Comnène (1). Le fameux duc d'Albe, généra-
lissime de Charles - Quint, reçut Alexis
Comnène (2), qui alla servir sous ses ordres
comme un prince avec lequel il partageait
la même origine (3). Nous apprenons du
même auteur qui rapporte ce fait, qu'il a
été témoin oculaire du mécontentement qu'un
autre duc d'Albe, vice-roi de Naples, té-
moigna publiquement à un écrivain, pour
avoir confondu l'origine des Tolède avec
celle des Lascaris. « Je descends des Com-
» nène, dit-il à haute voix, et non pas des
» Lascaris » (4). J'ajoute que je trouvai dans
le tems quelques notes relativement à cette
origine des Tolède. J'en parlai au comte
d'Aranda comme d'une découverte, mais ce
n'en fut pas une pour lui. Il m'engagea à
les envoyer au duc d'Albe existant alors,

----

(1) *Guill. ut suprà*, t. I, p. 167.

(2) Ce prince vivait à Mantoue, auprès du duc de
ce nom, qui l'avait accueilli.

(3) Laur. Min., p. 116.

(4) *Idem*, p.

s'offrant de les faire parvenir. Le duc d'Albe en réponse m'envoya la généalogie des To-lède qui se sont succédés en Espagne, en me témoignant, par une lettre, toute la satisfaction qu'il aurait de l'évidente identité des deux maisons. J'observai à l'ambassadeur ci-dessus nommé, qu'elle ne dépendait que d'un titre qui constatât que le premier To-lède connu en Espagne descend de ce prince Comnène que je viens de nommer, recherche qui ne peut être confiée qu'à un savant généalogiste. Sur ces entrefaites, le comte d'Aranda quitta la France, la révolution survint, et je n'en ai plus entendu parler.

Les bornes d'une lettre ne me permettent pas d'aller plus loin : mon but était de vous prouver que non seulement un, mais plusieurs fils de David ont échappé à la fureur de Mahomet, que les Comnène se sont perpétués, non seulement en Corse, mais dans différens endroits de l'Italie et ailleurs. J'espère vous en avoir suffisamment indiqué les preuves. J'aurais peut-être manqué mon but, vis-à-vis de tout autre moins capable de les saisir.

Si vous desirez de plus grands détails sur le caractère distinctif des Comnène et de leurs actions, depuis les tems les plus reculés jusqu'aux tems les plus récens, vous les trouverez consignés dans un grand nombre d'historiens : vous y verrez qu'ils ont été grands sur le trône, habiles à la tête des armées, intrépides dans les combats, tranquilles dans la vie privée, et constans dans le malheur.

Je suis, Monsieur, etc.

Signé DÉMÉTRIUS COMNÈNE.

Paris, 14 septembre 1807.

Fortia facta patrum series longissima rerum,
Per tot ducta viros antiquæ ab origine gentis.

RÉPONSE

DE M. KOCH,

DU 3o SEPTEMBRE 1807,

A LA LETTRE

DE DEMETRIUS COMNÈNE,

DU 14 DU MÊME MOIS.

Vous n'êtes pas satisfait, Monsieur, de la manière dont je me suis expliqué dans mon *Tableau des Révolutions de l'Europe*, au tome II, page 95, touchant les Comnène de Trébisonde, auxquels vous rapportez votre origine ; je vous dirai à ce sujet que n'ayant pas eu l'intention d'approfondir ce point de critique, j'ai si peu voulu vous faire du tort, que j'ai cité même le *Précis historique* qui présente vos titres. Je conviens volontiers avec vous que les passages des auteurs contemporains que vous alléguez dans la lettre que vous m'avez adressée, et nommément celui de *François Philelphe*, démontrent assez que tous les fils de David Comnène n'ont pas péri avec lui. S'il vous importait donc, Monsieur, vous pourriez donner de la publicité à votre lettre, et engager M. Millin à la recevoir avec la mienne dans son *Magasin Encyclopédique*.

J'ai l'honneur de vous saluer,

Signé KOCH.

Lᴀ maison Comnène est incontestablement du nombre de celles qui ont régné longtems dans le monde par ordre de succession. Elle a étendu sa puissance en Europe et en Asie ; elle compte dix-huit Empereurs, six de Constantinople, onze de Trébisonde et un d'Héraclée de Pont et de Paphlagonie ; dix-huit rois de la Colchide et des Lazes. Un grand nombre de princes de cette maison ont été aussi connus sous les titres de Césars, d'Augustes, de Sébastocratores, de Protosebastes, de grands Drungaires, de Curopalates, de Protovestiaires, de Protospataires, de

Grands-Maîtres de la maison des Empereurs,
de Protogérondes (1).

Les historiens remarquent comme une
singularité recommandable dans cette maison, qu'en général tous ceux qui en sont
sortis n'ont jamais été ni corrompus par les
grandeurs, ni abattus par l'adversité ; qu'ils
ont successivement soutenu la gloire de leurs
aïeux, soit par l'éclat de nouvelles actions,

---

(1) *Familiæ istius augustissimæ gloria non unius
aut alterius seculi finibus circumscribitur, sed fac-
torum illustrium per innumeras olympiades memora-
bili serie coronatur. Ex eá quippe..... se dedere spec-
tandos Imperatores, Bysantii sex, duo Heracles Ponti,
Trapezunti decem, Colchidis et Lazzorum Reges decem et octo, et alii innumerabiles principes, qui sub
titulis Cesarum, Augustorum, Despotarum, Sebasto-
cratorum, Protosobastorum, Curopalatorum, Sebas-
torum, Magnorum Domesticorum, Protovestiario-
rum, Protospatarum, Drungariorum, Frefectorum,
ceterarumque Orientalis Imperii dignitatum floren-
tissimam gloriam nacti sunt, etc.* Ors., archiep. Antivarensis rim. apud Laur., Miniat., pag. 5.

soit par la conformité des vertus dont ils avaient les exemples (1).

Voici la succession directe depuis Manuel, préfet d'Orient, jusqu'à la génération présente. On compte onze Empereurs, un Curopalate, deux Sebastocratores, dix Protogérondes, trois chefs privilégiés ou premiers chefs, un colonel de cavalerie au service de France, dont les noms de père en fils sont comme il suit :

----

(1) *Illud in hac serenissimâ familiâ singulare præterire non possumus, quod ego animadverti et cæteri qui eam litteris illustrarunt observare scriptores; omnes qui ex eâ prodiere, communiter loquendo, principes viros, specie imperio digna, moribus gestibusque decenter compositos. In Castris Leones credas, in domibus agnos. In expeditionibus acres invenias; in templis ubi videas dixeris cænobitas.* Archiep. Antivarensis, apud Laur. Miniat., p. 129.

MANUEL,

Préfet d'Orient sous Bazile II, Empereur de Constantinople en 962.

COLLATÉRAUX.

Isaac, Empereur de Constantinople; Jean, surnommé *Calojean*; Manuel, Alexis le jeune, également Empereurs de Constantinople; Constantin, Sébaste; Etienne, grand Drungaire, {et autres Princes qui ne sont pas nommés ici, et dont la postérité est éteinte.	JEAN,	Curopolate.
	ALEXIS LE GRAND,	Empereur de Constantinople.
	ISAAC,	Sébastocratore.
	ANDRONIC,	Empereur de Constantinople.
	MANUEL,	Sébastocratore.
David I, Empereur d'Héraclée de Pont; Alexandre; Jean, surnommé *Calojean*, Empereur de Trébisonde; Alexis; Georges, Protovestiaire, dont la postérité est éteinte aussi.	ALEXIS LE GRAND,	Empereur de Trébisonde.
	THÉODORE,	Empereur id.
	CONSTANTIN,	Empereur id.
	ALEXIS,	Empereur id.
	BAZILE,	Empereur id.
	BAZILE LE JEUNE,	Empereur id.
	DÉMÉTRIUS,	Empereur id.
	ALEXIS,	Empereur id.
	DAVID II,	Dernier Empereur id.
	NICÉPHORE,	Protogéros de Mania.
	ALEXIS,	Protogéros id.
	CONSTANTIN,	Protogéros id.

Le cadre de cette feuille ne permet pas de nommer tous les collatéraux.

THÉODORE, — Protogéros *id.*

ÉTIENNE, — Protogéros *id.*

CONSTANTIN, — Protogéros *id.*

THÉODORE, — Protogéros *id.*

CONSTANTIN, — Protogéros *id.*

THÉODORE, — Protogéros *id.*

CONSTANTIN, — Dernier Protogér. *id.* C'est lui qui passa en Corse.

Nicholaos, Constantin, Genadius, sans postérité masculine.

Joseph, prêtre.

THÉODORE, — Premier Chef.

JEAN, dit CALOJEAN. — Premier Chef.

Théodore, Apostolos, Démétrius, Demos, morts sans postérité masculine.

CONSTANTIN, — Premier Chef.

Georges, Jean (1), existant tous les deux, ainsi que Démétrius, leur frère.

DÉMÉTRIUS.

____

(1) *Jean, prêtre, pourrait aussi être surnommé Calojean, pour ses vertus.*

NOTA. La nomenclature des Empereurs de Trébisonde a été tirée de Phrauzas, de Ducas, de Grégoras et de Ducange. Celle des Protogérondes et des premiers chefs est conforme à tous les écrivains qui en ont parlé, et aux lettres-patentes.

4

Les détails de la dernière révolution indiquée plus haut, laquelle contraignit Constantin Comnène, trisaïeul de Démétrius, de quitter tout à fait la Grèce, se trouvent consignés dans le *Précis hist. de la maison imp. des Comn.*, depuis la page 124 jusqu'à la page 126. Liberacci Maniote, d'ancienne extraction, homme ambitieux, qui fut le principal moteur de cette révolution, devint depuis odieux à tous ses concitoyens, même à ceux qui avaient le plus profité de sa perfidie, au point qu'il fut obligé de s'expatrier, et mourut à Venise, accablé de remords et de misère. Son nom, voué à l'exécration générale, servit dès ce moment à désigner un homme de la plus noire trahison (1).

Constantin arriva en Corse en 1676, à la tête d'une nombreuse colonie. Cependant les Maniotes, revenus à eux-mêmes, envoyèrent

----

(1) Cambiag., *Istor di Cors.*; Lettres et Mém. part.

des députés pour l'inviter à retourner à Mania reprendre son rang et sauver sa patrie; mais venus en Toscane, ils apprirent sa mort. Théodore, l'aîné de ses fils, n'était âgé que de quatorze ans. Constantin n'avait survécu que peu de tems à son arrivée en Corse, où il avait continué à porter le titre de *Protogéros*, mais avec l'autorité seulement de Premier Chef des Grecs qui l'avaient suivi.

Théodore succéda à son père dans la qualité de premier Chef; Jean (1), son fils, et Constantin, son petit-fils, occupèrent successivement la même place. Ce rang de primatie fut supprimé, et les biens même de cette famille furent réunis aux domaines de l'Etat, lors de la réunion de la Corse à la France.

Démétrius, très-jeune encore, s'éleva hautement, sur les lieux, contre cette injustice,

______

(1) Le premier de la branche directe des Comnène qui soit né sous une domination étrangère.

mais en vain. Aussitôt que son âge et les circonstances le lui permirent, il vint en France
porter aux pieds du trône ses plaintes et ses
réclamations contre cette double spoliation.
Il fut écouté favorablement; mais le Gouvernement exigea avant tout qu'il prouvât son
origine d'après les formes alors usitées en
France.

> . . . . *Nec jovis ira, nec ignis*
> *Nec poterit ferrum, nec edax, abolere vetustas.*

LETTRES PATENTES

DU ROI,

Données à Versailles, au mois d'avril 1782, enregistrées au Parlement le 1ᵉʳ septembre 1783, et à la Chambre des Comptes le 23 mai 1784.

Louis, par la grâce de Dieu, Roi de France et de Navarre, à tous présens et à venir, Salut. Notre très-cher et bien aimé le sieur *Démétrius, Stéphanopoli - Constantin Comnène*, capitaine dans notre cavalerie, nous a fait exposer qu'il est issu en ligne directe de *David Comnène*, dernier Empereur de *Trébizonde*, dont la maison avait régné longtems à Constantinople; que lorsque ce prince infortuné eut été massacré en 1462, avec plusieurs de ses enfans, par l'ordre de *Mahomet II*, son vainqueur, l'un d'eux, appelé *Nicéphore Comnène*, ayant échappé au désastre de sa famille et de son pays, se réfugia à *Vitulo*, ville de *La-conie*, où il reçut les honneurs dus à sa naissance. Que ses descendans y tinrent, comme lui, le premier rang, et ne s'y allièrent jamais qu'à des familles illustres. Qu'en 1676, *Constantin-Stéphanopoli Comnène*, l'un d'eux et troisième aïeul

de l'exposant, ayant été contraint, par une invasion des Turcs en Morée, de quitter cette ville, passa en Corse, avec une colonie grecque, qui le reconnut pour le premier de ses chefs, qualité qu'il transmit après lui à sa postérité, ainsi que toutes les distinctions réservées à la noblesse; qu'au reste encore qu'il eût été baptisé sous les deux noms de *Comnène* et de *Stéphanopoli*, cependant, il n'a pris depuis son arrivée en Corse, que le second, et que cet exemple que lui avaient donné quelques - uns de ses ancêtres établis à Vitulo, a été suivi par ses descendans, qui n'ont joint les deux noms l'un à l'autre que depuis assez peu de tems; que tous ces faits, et la filiation depuis *David Comnène* jusqu'à l'exposant, laquelle comprend treize degrés, sont prouvés par différens titres qui peuvent être divisés en deux classes; que la première est composée d'actes civils et d'actes d'églises, depuis 1473 jusqu'en 1648, lesquels sont conçus en langue grecque; que les titres de la seconde classe sont des expéditions en bonne forme, des décrets de la république de Gênes, d'attestations, de donations, de commissions, d'actes de notoriété et autres, depuis 1676 jusqu'en 1781; que la tradition a conservé l'époque de l'émigration de la famille Comnène et de plusieurs autres, sous la conduite de Constantin,

Protogéros, c'est-à-dire, premier sénateur, dignité qui désignait en Laconie les Comnène, ainsi que le surnom de Stéphanopoli, ou fils d'Etienne, qu'ils prenaient pour perpétuer la mémoire d'un homme célèbre de leur maison (1); enfin, qu'elle porte

____

(1) ÉTIENNE fut un prince courageux et doué des plus grands talens; son parti fut le premier dans Mania. Quelques auteurs qui parlent de la branche des Comnène qui s'établit dans Mania, et depuis en Corse, ont commis une erreur grossière en le croyant fils de l'empereur Alexis le Grand: ce qui a donné lieu à cette équivoque, est que le père d'Étienne se nommait Alexis. Étienne donna son nom de baptême, non seulement à ses fils, qui n'eurent point de postérité, et à tous ses collatéraux, mais encore aux affidés de son parti; de sorte que *Stéphanopoli* devint le surnom des uns et des autres : c'est ce qui fait que l'on trouve, tant à Mania qu'en Corse, des Stéphanopoli qui ne sont pas Comnène, mais dont les ancêtres avaient seulement suivi leur parti. Il faut observer que tous ceux qui ne sont que descendans de ce parti ont leur nom particulier de famille, qui précédait toujours le surnom du parti, et leurs pères n'ont jamais eu l'idée d'être Comnène. Plusieurs même des familles qui portent en Corse ce surnom de *Stéphanopoli*, ne l'ont jamais porté à Mania avant ni depuis leur émigration; d'ailleurs, tous ceux qui étaient attachés au parti des Comnène, et désignés par le surnom de *Stéphanopoli*, étaient natifs de Vitulo et résidaient près de leur chef. Les familles établies en Corse, dont nous venons de parler, ne sont pas originaires de Vitulo, ne l'ont

pour armes *un aigle à deux têtes, traversé d'une épée posée en pal, dont la pointe soutient une couronne impériale.* Que se fondant sur la preuve qui résulte de pièces aussi authentiques et aussi nombreuses, l'exposant espérait que nous voudrions bien reconnaître sa noblesse d'extraction, et le maintenir en conséquence dans les préroga-

---

jamais habité, et ne furent comptées en aucun tems au rang des nobles; car ce même parti était aussi appelé celui des *nobles*, et devint si fameux dans Mania, et si puissant par le choix de ceux qui le composaient, que des Phocas, des Cantacuzène, des Lascaris, et d'autres rejetons d'anciennes familles de la Grèce, réfugiés à Mania, quittèrent les noms les plus illustres pour prendre celui de *Stéphanopoli.*

Les mêmes auteurs prétendent que ce nom de Stéphanopoli veut dire *Étienne de la ville*, c'est-à-dire de *Constantinople;* mais ils se trompent, le nom de Stéphanopoli vient du mot grec *Poulos et Stephanos*, qui veut dire *fils d'Étienne.* Dans tous les titres des Comnène on lit *Stephano Poulos*, et non *Stéphanopoli*, ainsi qu'au tour des anciens sceaux ou cachets apportés de Grèce en Corse, suivant l'usage de ce tems là. Dans l'Histoire du Bas-Empire, les noms de *Briennepoli*, des *Frangopouli*, des *Turcopoli* ne sont là que pour désigner par les fils des Briennes, des Francs et des Turcs, ces trois différens partis, et il n'est jamais venu dans la tête de personne de dire que cela signifiait *Brienne de la ville, Franc de la ville, Turc de la ville.*

tives qui y sont attachées, grâce dont il se flattait que nous le jugerions d'autant plus susceptible, que même avant la soumission de la Corse à notre obéissance, ses ancêtres étaient attachés au service de notre couronne, et que lui-même n'a rien négligé depuis, pour nous prouver sa fidélité, son zèle et son attachement. A quoi ayant égard, et voulant lui donner une marque de notre bienveillance et de notre protection, vu les différentes pièces qu'il a produites, savoir: le contrat de mariage de Nicéphore Comnène, du 4 janvier 1473, dans lequel il est qualifié fils de David Comnène, Empereur de Trébizonde; l'acte de célébration dudit mariage du 10 mai de la même année; l'acte de baptême d'Alexis Comnène, fils du précédent, du premier juillet 1474, un décret sans date du sénat de Lacédémone (1), qui crée Protogéros, ou premier sénateur de Vitulo, Nicéphore Comnène, fils de David, et promet de le protéger contre les Barbares; une lettre, aussi sans date, dudit Nicé-

---

(1) Il ne faut pas croire que ce sénat fut un reste de celui de l'ancienne Sparte; les chefs, à Mania, se nommaient *Gérondes de Lacédémone*; mais ils n'avaient pas les mêmes lois et ne vivaient point dans la même ville des anciens. C'est ainsi que Benoît XIV nomme, dans ses Institutions diocésaines, l'évêque Parthenius, qui de Vitulo passa en Corse, *l'évêque de Lacédémone.*

phore, par laquelle il le remercie de l'avoir créé
premier sénateur, ainsi que ses descendans ; le
contrat de mariage d'Alexis Comnène, du 12 juillet 1512 ; l'acte de célébration dudit mariage, de
l'année 1513 ; une procuration par ledit Alexis
Comnène, à l'évêque de Vitulo, le 24 avril 1520,
pour l'autoriser à remplir, en son absence, la
place du premier sénateur de Vitulo ; l'extrait de
baptème de Constantin Comnène Stéphanopoli,
fils d'Alexis, du 23 octobre 1515 ; le contrat de mariage dudit Constantin, du mois de novembre 1540 ;
l'acte de célébration d'icelui, du 6 février 1541 ;
une lettre écrite le 15 avril 1550, par ledit Constantin, aux habitans de Malvoisie en Morée,
pour les exhorter à défendre leur religion contre
les Turcs ; le testament dudit Constantin, du
18 mars 1553 ; un acte du 16 juin 1585, par lequel
il nomme son fils pour remplir, en son absence,
la place de premier sénateur à Vitulo ; l'acte de
baptème de Théodore Comnène, fils du précédent, du 4 juin 1542 ; son contrat de mariage, du
12 février 1563 ; son testament du 10 avril 1580 ;
un acte du 16 juin 1583, qui le déclare vice-gérent
de la place de premier sénateur à Vitulo ; un ordre
qu'il donna en cette qualité le 12 avril 1586,
aux habitans de Vitulo ; une lettre qu'il écri-
vit le 20 mai 1602, au clergé et au peuple de

Lacédémone ; l'acte de baptême d'Etienne Comnène, fils du précédent, du 6 décembre 1565 ; son
contrat de mariage du 2 janvier 1581 ; l'acte de
célébration d'icelui du 13 du même mois ; un acte
du 15 mai 1634, par lequel il se démit de sa place
de premier sénateur, en faveur de son fils ; l'extrait de baptême de Constantin Comnène-Stépha-
nopoli, fils du précédent, du 15 mai 1582 ; son
contrat de mariage du 18 août 1599 ; l'extrait de
baptême de Théodore Comnène Stéphanopoli,
fils du précédent, du 3 mai 1600 ; son contrat de
mariage du 4 février 1616 ; l'extrait de baptême de
Constantin Comnène Stéphanopoli, fils dudit
Théodore, du 9 septembre 1617 ; son contrat de
mariage du 10 décembre 1630 ; l'extrait de baptême de Théodore Comnène, fils du précédent,
du 5 août 1632 ; son contrat de mariage du
29 mars 1646 ; l'acte de célébration d'icelui du
15 juin 1647 ; l'extrait de baptême de Constantin
Comnène Stéphanopoli, fils du précédent, du
3 avril 1648 ; deux décrets du Sénat de Gênes, du
15 … 1676 et 23 mai 1677, dont l'un permet le
port d'armes audit dernier Stéphanopoli, et l'autre
le déclare exempt de la taille, que les Grecs pas-
sés en Corse étaient convenus de payer aux Génois ;
deux autres décrets du même Sénat, datés du 21
avril 1681, lesquels accordent à Théodore, fils

du précédent, pareille exemption et permission
qu'à son pére ; une déclaration des prêtres, mas-
sards et procurateurs de la paroisse de Paomia en
Corse, du 23 avril 1718, dans laquelle ledit Théodore est qualifié *chef privilégié* et supérieur aux
autres chefs de la colonie grecque établie en cette
île ; une commission de capitaine, au service de
la république de Gênes, accordée le 18 août 1731,
à Jean Stéphanopoli, fils du précédent ; un cer-
tificat donné par un commissaire de ladite république, le 29 août 1733, par lequel il reconnaît
que ledit Jean Stéphanopoli, sujet fidèle et zélé
pour le service de l'Etat, avait donné des preuves
dans toutes les occasions, et spécialement lorsque
les familles grecques de Paomia avaient passé de
ce lieu à Ajaccio ; une attestation du directeur de
ladite république en cette dernière ville, du 25
mars 1734, portant que le même Jean Stéphanopoli, qualifié un des *chefs privilégiés* de la colonie
grecque de Paomia, et l'un des plus riches et des
principaux de cette colonie, avait servi et ser-
vait encore ; que pour remplir avec distinction ses fonctions militaires, il n'avait épargné
ni sa peine, ni ses biens, et que fait capitaine,
il avait donné des preuves de sa valeur, sur-
tout au siège de Paomia ; une donation faite
audit Jean Stéphanopoli, à Théodore, l'un

de ses fils, le 20 mai 1739; une commission de capitaine dans le régiment de cavalerie légére corse
au service de France, accordée le 9 avril 1758 , à
Constantin Comnène Stéphanopoli, autre fils dudit Jean Stéphanopoli, et pére de l'exposant; une
donation de biens-fonds, faite en 1766, par ledit
Constantin à Jean-Etienne Constantin , l'aîné de
ses fils; quatre déclarations faites aux greffes de
la justice d'Ajaccio, les 11 et 13 mars 1777, par
quatre Grecs de la même ville, portant que la famille dudit Stéphanopoli était la principale de
la colonie grecque établie en Corse; une commission de capitaine de cavalerie à notre service ,
accordée à l'exposant, le 16 décembre 1779; enfin
une attestation devant notaires, donnée le 17 décembre 1781 , au même, ainsi qu'à son frére, sur
leur filiation , par deux gentils-hommes corses,
un colonel au service de la république de Venise, et un bourgeois, aussi nés en Corse; pareil-
lement un mémoire contenant les observations
du sieur Chérin , généalogiste de nos ordres sur
cette production.

A ces causes et autres à ce nous mouvant,
de l'avis de notre Conseil et de notre grâce spé-
ciale, pleine puissance et autorité royale; nous
avons reconnu, et par ces présentes signées de
notre main, nous reconnaissons la noblesse

d'extraction de l'exposant, dans laquelle nous l'avons maintenu et nous le maintenons. En conséquence, voulons que lui, ses enfans et descendans de l'un et de l'autre sexe, nés et à naître en légitime mariage, jouissent des mêmes honneurs, distinctions, prééminences, priviléges, franchises, exemptions et immunités que les nobles d'ancienne race. DÉFENDONS à toutes personnes de les troubler dans la possession desdites prérogatives, tant et si longtems qu'ils vivront noblement, et ne feront acte de dérogeance ; auquel effet ils seront inscrits dans le catalogue de la noblesse de nos États et partout ailleurs où besoin sera. SI DONNONS EN MANDEMENT à nos amés et féaux, les gens tenant notre Cour du Parlement, notre Chambre des Comptes et notre Cour des Aides à Paris, et à tous autres, nos officiers justiciers qu'il appartiendra, que ces présentes ils aient à faire registrer ; et du contenu en icelles faire jouir et user l'exposant, ensemble ses enfans et postérité, nés et à naître en légitime mariage, pleinement, paisiblement et perpétuellement ; cessant et faisant cesser troubles et empêchemens, et nonobstant toutes choses à ce contraires; CAR TEL EST NOTRE PLAISIR, et afin que ce soit chose ferme et stable à toujours, nous avons fait mettre notre scel à ces dites présentes. Donné à Versailles, au mois d'avril, l'an de grâce mil sept cent quatre-vingt-deux, et de notre règne le huitième.

Signé LOUIS.

Et plus bas, par le Roi,

Ségur.

Longe a fabuloso scriptionis genere abest illud, quo in stemmatibus contexendis hodie utimur. Nihil quippe temerè vel absque probatione ingeritur ; in delineandis vel potius firmandis generationum gradibus domestica adhibentur monumenta, vel diplomata ex regiis aut monasteriorum tabulariis desumpta. (Ex Cangio, in prefat. Fam. illust. Byz., p. 8.)

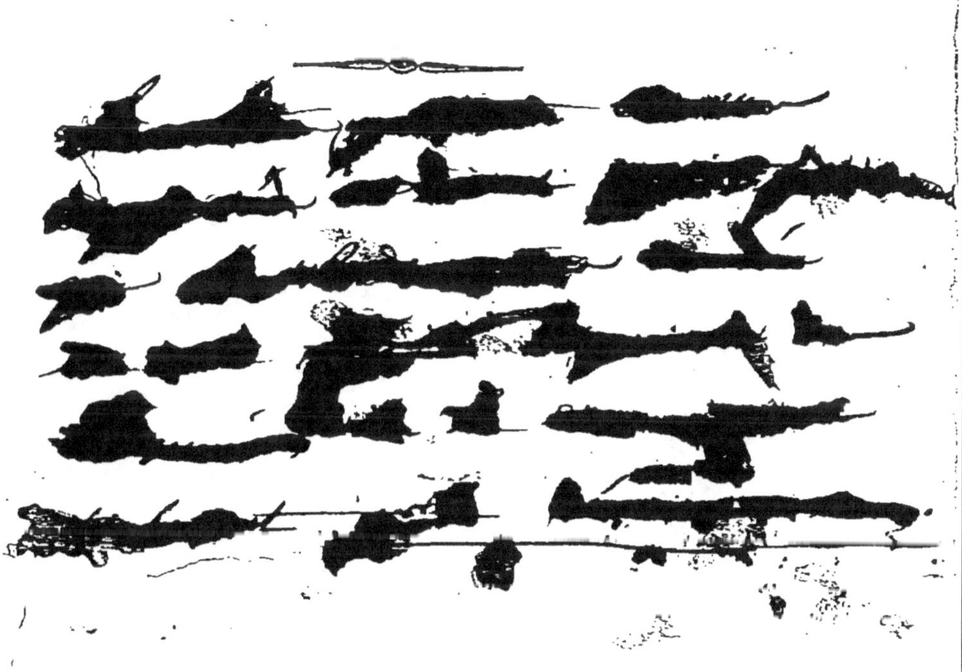